필사하기

하늘과 바람과 별과 詩

시인 윤동주

1917년 만주 북간도 화룡현 명동촌 출생
1941년 연희전문학교 문과를 졸업
1942년 일본 릿교대학 영문과 입학, 도시샤대학 영문과 편입학
1943년 항일운동 혐의로 일본경찰에 검거되어 2년 형을 선고 받았다.
1945년 일제 말기 광복을 앞두고 일본 형무소에서 의문의 주사를 맞고 옥사했다.
유족과 동문들이 19편의 자작시를 모아 '하늘과 바람과 별과 시'를 발표했다.

하늘과 바람과 별과 시 필사하기

초판 발행 2016년 3월 20일, 개정판 발행 2021년 7월 11일
디자인 김PD
펴낸이 이일로
펴낸곳 도서출판 라이프하우스
등록일 2009년 2월 24일
대표 전화 0505)369-3877 / 팩스 02)6442-3877
출판사 블로그 http://blog.naver.com/windpaper
가격 5,900원

이 책에 실린 모든 내용, 디자인, 이미지, 편집 구성의 저작권은 도서출판라이프하우스와 저자에게 있습니다. 허락 없이 복제하거나 다른 매체에 옮겨 실을 수 없습니다.

ISBN 979-11-87271-16-1
13810

필사하기

하늘과 바람과 별과 詩

도서출판 라이프하우스

集會

◇……二년전 일본북강(北岡) 형무소에서 옥사한 윤봉주(尹鳳柱) 군과 송봉규(宋鳳奎) 군을 추도하고 저 고인의 모교연전(延專) 문과 졸업생들은 오는 十六일 하오 一시 시내 소공동(小公洞) 푸러워―그릴에서 추념회를 열기로되어 동창들의 참석을 바라고있다

동아일보 1947년 2월 15일 기사

1948년

윤동주 시가 세상에 발표되었다.

윤동주는 연희전문대학 2년 후배 정병욱에게 졸업작품으로 발표하려 했던 '하늘과 바람과 별과 시'를 보관해달라고 맡긴다. 정병욱은 광양 양조장 마루 밑 널장을 뚫고 항아리에 숨겼다.

일본 유학생 시절, 동기인 강처중에게 우편으로 보낸 시편과 여동생 윤혜원이 고향 용정에서 가져온 중학 시절 원고를 모아 시집 '하늘과 바람과 별과 시'가 출판되었다.

머리말

청춘을 말하다, 윤동주

2016년 2월 17일 윤동주 일대기를 그린 영화 동주가 개봉됐다. 영화 내용은 윤동주와 같은 해에 태어난 고종사촌형 송몽규와의 우정과 갈등 그리고 독립운동으로 뜨거웠다.

영화에는 윤동주가 다녔던 발자취가 담겨있다. 만주의 번화한 동네, 용정을 거닐거나, 연희전문학교가 위치한 신촌, 경성 한복판에서 책을 끼고 다녔던 그의 모습은 당시 신세대 문학청년임을 연상할 수 있었다. 당대 현실을 살아가는 영문학도로서 미래를 꿈꿨지만 일제에 압박받던 시대 상황을 외면하기엔 나라 상황은 암울했다.

일본 점령기 시절, 조선어 말살 정책에 핍박을 받았다. 그런 가운데 윤동주와 송몽규는 조선 땅이었던 만주에서 태어났고 젊음의 대부분을 그곳에서 보냈다. 십대를 보낸 용정은 현재 중국 땅이다. 그의 유해가 묻힌 용정을 찾아가려면 중국으로 가야 하는 안타까운 상황이다.

 윤동주 시는 청춘을 노래한 청춘 시다. 그가 한글을 구사하면서 작품을 발표한 1920년대부터 1940년대까지 만주 용정과 경성 신촌 일대에서 문학 청년들과 몸을 부대끼며 시를 썼기에 새삼 청춘의 고뇌가 담겨 있다.
 이 시는 노트에 봉인된 채, 인쇄되지도 않았고 신문 지면에 발표되지 않았다. 그가 후쿠오카 감옥에서 억울하게 숨지고 나서 선후배들이 그의 노트에 있던 시를 모아 정음사에서 출판한다. 유해가 안치된 지 3년 후, 그러니까 1948년, 조선은 대한민국으로 국호가 바뀌어 혼란한 시기에 청춘 시가 세상에 모습을 드러냈다.

　시집 제목은 '하늘과 바람과 별과 시'였다. 윤동주에게 시는 하늘과 바람과 별과 나란히 연상할 정도로 절실한 꿈이었다.

　십대 고등 교육을 받던 청소년 기, 이십대 전문학교 시절 청춘과 번민으로 가득 찬 시에 영원불멸한 청춘이 각인되었다. 머릿속에 언어를 고치고 다듬어 쓴 시는 젊은 나이에 맑은 시어를 씀으로써 성취에 다다랐음을 보여주었다.

　윤동주가 태어난 지 100년이 되었음에도 이 시를 다시 읽어야 하는 이유가 생겼다. 그가 온몸으로 증명한 시어들이 시집 속에서 살아있기에.

　　　　　2021년 윤동주가 걸었던 서울 신촌에서
　　　　　　　　　　　편집팀 일동

동아일보 1947년 2월 15일 기사 중에서

집회

삼년 전 일본 복강 형무소에서 옥사한 윤동주 군과 송몽규 군을 추도하고자 고인의 모교 연희전문 문과 졸업생들은 오는 16일 오후 한 시 시내 소공동 플라워 그릴에서 추념회를 열기로 했다. 동창들의 참석을 바라고 있다.

차례

머리말 6

1부 하늘과 바람과 별과 시

서시 16
자화상 18
소년 20
눈 오는 지도 22
돌아와 보는 밤 24
병원 26
새로운 길 28
간판 없는 거리 30
태초의 아츰 32
또 태초의 아츰 34
새벽이 올 때까지 36
무서운 시간 38
십자가 40
바람이 불어 42
슬픈 족속 44
눈 감고 간다 46
또 다른 고향 48

길   50
별 헤는 밤   52

2부 흰그림자

흰 그림자   62
사랑스런 추억   66
흐르는 거리   68
쉽게 씌워진 시   70
봄   74

3부 밤

밤   78
유언   80
아우의 인상화   82
위로   84
간   86
산골 물   88
참회록   90
29세 윤동주   92

4부 이런 날

20세의 송몽규는 96
20세의 윤동주는 97
이런 날 98
남쪽 하늘 100
창공 102
거리에서 104
창 106
가슴 2 108
오후의 구장 110
사랑의 전당 112
장 114
모란봉에서 116

5부 송몽규 시 필사하기

22세 송몽규는　119
하늘과 더불어　120
밤　124

발문 - 강처중　126

1

하늘과 바람과 별과 시

유고 시집, 하늘과 바람과 별과 시

1946년 7월에는 경향신문에 유작 '쉽게 씌여진 시'가 발표되었다. 신문사 편집국장이었던 정지용 시인의 도움이 컸다.

1947년 2월 16일에 정지용, 안병욱, 이양하, 김삼불, 정병욱 등 30여 명의 선후배, 교수, 및 문인들이 서울 소공동 플로워 회관에 모여 '윤동주 2기 추도식'을 개최하였다.

1948년 1월에 정음사에서 유고시집 '하늘과 바람과 별과 시'를 간행하였다. 이 시집은 유고 31편과 정지용의 서문으로 이루어졌다.

1955년 2월, 윤동주 10주기 기념으로 흩어진 유고를 모아 88편의 시와 5편의 산문을 엮어 다시 '하늘과 바람과 별과 시'를 정음사에서 간행하였다. 2월 16일, 연희대 문과 주최로 박영준, 김용호, 정병욱 등이 모여 '윤동주 10주기 추도회'를 개최하였다.

서시

죽는 날까지 하늘을 우러러
한 점 부끄럼이 없기를,
잎새에 이는 바람에도
나는 괴로워했다.
별을 노래하는 마음으로
모든 죽어가는 것을 사랑해야지
그리고 나한테 주어진 길을
걸어가야겠다.

오늘 밤에도 별이 바람에 스치운다.

1941.11.20.

연희전문학교 졸업을 앞두고 진학에 대한 고민과 시국에 대한 불안, 고향 집에 대한 걱정 등으로 괴로워했다. 이런 상황에서 그의 대표작이 탄생했다. 또 다른 고향(9월), 별 헤는 밤(11월 5일), 서시(11월 20일)가 이 시기에 나왔다.

자화상

산모퉁이를 돌아 논가 외딴 우물을 홀로 찾아가선
가만히 들여다봅니다.

우물 속에는 달이 밝고 구름이 흐르고 하늘이 펼치고
파아란 바람이 불고 가을이 있습니다.

그리고 한 사나이가 있습니다.
어쩐지 그 사나이가 미워져 돌아갑니다.

돌아가다 생각하니 그 사나이가 가엾어집니다.
도로 가 들여다보니 사나이는 그대로 있습니다.

다시 그 사나이가 미워져 돌아갑니다.
돌아가다 생각하니 그 사나이가 그리워집니다.

우물 속에는 달이 밝고 구름이 흐르고 하늘이 펼치고
파아란 바람이 불고 가을이 있고 추억처럼 사나이가
있습니다.

1939.9

1941년 연희전문 문과에서 발행한 문우 지에 '자화상', '새로운 길'을 발표했다.

소년

여기저기서 단풍잎 같은 슬픈 가을이 뚝뚝 떨어진다. 단풍잎 떨어져 나온 자리마다 봄을 마련해 놓고 나뭇가지 우에 하늘이 펼쳐 있다. 가만히 하늘을 들여다보려면 눈섭에 파란 물감이 든다. 두 손으로 따뜻한 볼을 쓸어보면 손바닥에도 파란 물감이 묻어난다. 다시 손바닥을 들여다본다. 손금에는 맑은 강물이 흐르고, 맑은 강물이 흐르고, 강물속에는 사랑처럼 슬픈 얼골-아름다운 순이의 얼골이 어린다. 소년은 황홀히 눈을 감어 본다. 그래도 맑은 강물은 흘러 사랑처럼 슬픈 얼골-아름다운 순이의 얼골은 어린다.

얼골 : 얼굴
우에 : 위에

1939.

눈 오는 지도

순이가 떠난다는 아침에 말 못 할 마음으로 함박눈이 나려, 슬픈 것처럼 창밖에 아득히 깔린 지도 우에 덮인다.
방안을 돌아다보아야 아무도 없다. 벽과 천장이 하얗다. 방안에까지 눈이 나리는 것일까, 정말 너는 잃어버린 역사처럼 훌훌히 가는 것이냐, 떠나기 전에 일러둘 말이 있던 것을 편지를 써서도 네가 가는 곳을 몰라 어느 거리, 어느 마을, 어느 지붕 밑, 너는 내 마음 속에만 남아 있는 것이냐, 네 쪼고만 발자국을 눈이 자꼬 나려 덮여 따라갈 수도 없다. 눈이 녹으면 남은 발자국 자리마다 꽃이 피리니 꽃 사이로 발자국을 찾아 나서면 일년 열두달 하냥 내 마음에는 눈이 나리리라.

1941.3.12.

한 여성을 사랑했다. 하지만 끝내 고백하지 않았다. 왜 고백하지 않았을까. 시 '눈 오는 지도'에 그 심정이 담겨 있지 않을까.

돌아와 보는 밤

세상으로부터 돌아오듯이 이제 내 좁은 방에 돌아와 불을 끄옵니다. 불을 켜두는 것은 너무나 피로한 일이옵니다.
그것은 낮의 연장이옵기에—

이제 창을 열어 공기를 바꾸어 들여야 할텐데 밖을 가만히 내다보아야 방안과 같이 어두워 꼭 세상같은데 비를 맞고 오던 길이 그대로 빗속에 젖어 있사옵니다.

하루의 울분을 씻을 바 없어 가만히 눈을 감으면 마음 속으로 흐르는 소리, 이제, 사상이 능금처럼 저절로 익어 가옵니다.

1941.6.

병원

살구나무 그늘로 얼골을 가리고 병원 뒤뜰에 누워,
젊은 여자가 흰옷 아래로 하얀 다리를 드러내 놓고
일광욕을 한다. 한나절이 기울도록 가슴을 앓는다는
이 여자를 찾어오는 이, 나비 한 마리도 없다.
슬프지도 않은 살구나무 가지에는 바람조차 없다.

나도 모를 아픔을 오래 참다 처음으로 이곳에 찾어왔다.
그러나 나의 늙은 의사는 젊은이의 병을 모른다.
나한테는 병이 없다고 한다. 이 지나친 시련,
이 지나친 피로, 나는 성내서는 안 된다.

여자는 자리에서 일어나 옷깃을 여미고 화단에서
금잔화 한 포기를 따 가슴에 꽂고 병실 안으로 사라진다.
나는 그 여자의 건강이 — 아니 내 건강도 속히 회복되
기를 바라며 그가 누웠던 자리에 누워 본다.

                                        1940.12.

새로운 길

내를 건너서 숲으로
고개를 넘어서 마을로

어제도 가고 오늘도 갈
나의 길 새로운 길

민들레가 피고 까치가 날고
아가씨가 지나고 바람이 일고

나의 길은 언제나 새로운 길
오늘도…… 내일도……

내를 건너서 숲으로
고개를 넘어서 마을로

1938.5.10.

1945년 3월 6일 장례식에서 연희전문 문과 동인지 문우에 실렸던 자화상과 새로운 길이 낭독됐다.

간판 없는 거리

정거장 플랫폼에
나렸을 때 아무도 없어,

다들 손님들 뿐
손님같은 사람들 뿐,

집집마다 간판이 없어
집 찾을 근심이 없어

빨갛게
파랗게
불 붙는 문자도 없이

모퉁이마다
자애로운 헌 와사등에
불을 혀놓고,

손목을 잡으면
다들 어진 사람들
다들 어진 사람들

봄, 여름, 가을, 겨울
순서로 돌아들고.

1941. 9.

태초의 아츰

봄날 아츰도 아니고
여름, 가을, 겨울,
그런날 아츰도 아닌 아츰에

빨-간 꽃이 피어났네,
햇빛이 푸른데,

그 전날 밤에
그 전날 밤에
모든 것이 마련되었네,

사랑은 뱀과 함께
독은 어린 꽃과 함께

아츰; 아침의 방언

1941.5

또 태초의 아츰

하얗게 눈이 덮이었고
전신주가 잉잉 울어
하나님 말씀이 들려온다.

무슨 계시일까.

빨리
봄이 오면
죄를 짓고
눈이 밝어

이브가 해산하는 수고를 다하면
무화과 잎사귀로 부끄런 데를 가리고

나는 이마에 땀을 흘려야겠다.

                        1941.5.31.

새벽이 올 때까지

다들 죽어가는 사람들에게
검은 옷을 입히시오.

다들 살아가는 사람들에게
흰 옷을 입히시오.

그리고 한 침대에
가지런히 잠을 재우시오.

다들 울거들랑
젖을 먹이시오.

이제 새벽이 오면
나팔소리 들려올 게외다.

                                      1941.5

무서운 시간

거 나를 부르는 것이 누구요.

가랑잎 이파리 푸르러 나오는 그늘인데
나, 아직 여기 호흡이 남아 있소.

한 번도 손 들어 보지 못한 나를
손 들어 표할 하늘도 없는 나를

어디에 내 한 몸 둘 하늘이 있어
나를 부르는 것이오.

일을 마치고 내 죽는 날 아침에는
서럽지도 않은 가랑잎이 떨어질 텐데……

나를 부르지 마오.

                              1941.2.7.

십자가

쫓아오던 햇빛인데
지금 교회당 꼭대기
십자가에 걸리었습니다.

첨탑이 저렇게도 높은데
어떻게 올라갈 수 있을까요.

종소리도 들려오지 않는데
휘파람이나 불며 서성거리다가,

괴로웠던 사나이,
행복한 예수·그리스도에게
처럼
십자가가 허락된다면

모가지를 드리우고
꽃처럼 피어나는 피를
어두워가는 하늘 밑에
조용히 흘리겠습니다.

1941.5.31

바람이 불어

바람이 어디로부터 불어와
어디로 불려가는 것일까,

바람이 부는데
내 괴로움에는 이유가 없다.

내 괴로움에는 이유가 없을까.

단 한 여자를 사랑한 일도 없다.
시대를 슬퍼한 일도 없다.

바람이 자꾸 부는데
내 발이 반석 우에 섰다.

강물이 자꾸 흐르는데
내 발이 언덕 우에 섰다.

우에 : 위에

1941.6.2.

슬픈 족속

흰 수건이 검은 머리를 두르고
흰 고무신이 거친 발에 걸리다.

흰 저고리 치마가 슬픈 몸집을 가리고
흰 띠가 가는 허리를 질끈 동이다.

1938.9.

1938년
동생 윤일주와 산책을 하며 나눴던 이야기를 시로 쓴다.
 암울한 일제 강점기, 윤동주가 느꼈던 시대의 고통을 열살이나 어린 동생도 거쳐가야할 세상임을 알기에, 붉은 이마가 싸늘한 달에 젖게 된다.
 동생도 후에 먼 훗날 시인이 되어 시집을 낸다.
 윤동주는 9월에 시 '슬픈 족속'을 썼다.

눈 감고 간다

태양을 사모하는 아이들아
별을 사랑하는 아이들아

밤이 어두웠는데
눈 감고 가거라.

가진바 씨앗을
뿌리면서 가거라.

발부리에 돌이 채이거든
감았던 눈을 와짝 떠라.

와짝 : 갑자기 크게

1941.5.31

또 다른 고향

고향에 돌아온날 밤에
내 백골이 따라와 한방에 누웠다.

어둔 방은 우주로 통하고
하늘에선가 소리처럼 바람이 불어온다.

어둠 속에 곱게 풍화작용하는
백골을 들여다보며
눈물 짓는 것이 내가 우는 것이냐
백골이 우는 것이냐
아름다운 혼이 우는 것이냐

지조 높은 개는
밤을 새워 어둠을 짖는다

어둠을 짖는 개는
나를 쫓는 것일 게다.

가자 가자
쫓기우는 사람처럼 가자
백골 몰래
아름다운 또 다른 고향에 가자.

1941. 9.

길

잃어버렸습니다
무얼 어디다 잃었는지 몰라
두 손이 주머니를 더듬어
길에 나아갑니다.

돌과 돌과 돌이 끝없이 연달아
길은 돌담을 끼고 갑니다.

담은 쇠문을 굳게 닫어
길 위에 긴 그림자를 드리우고

길은 아침에서 저녁으로
저녁에서 아침으로 통했습니다.

돌담을 더듬어 눈물 짓다
쳐다보면 하늘은 부끄럽게 푸릅니다.

풀 한포기 없는 이 길을 걷는 것은
담 저쪽에 내가 남아 있는 까닭이고,

내가 사는 것은 다만,
잃은 것을 찾는 까닭입니다.

                    1941.9.

별 헤는 밤

계절이 지나가는 하늘에는
가을로 가득 차 있습니다.

나는 아무 걱정도 없이
가을 속의 별들을 다 헤일 듯합니다.

가슴 속에 하나 둘 새겨지는 별을
이제 다 못 헤는 것은
쉬이 아침이 오는 까닭이요,
내일 밤이 남은 까닭이요,
아직 나의 청춘이 다 하지 않은 까닭입니다.

별 하나에 추억과
별 하나에 사랑과
별 하나에 쓸쓸함과
별 하나에 동경과
별 하나에 시와
별 하나에 어머니, 어머니,

어머님, 나는 별 하나에 아름다운 말 한마디씩 불러봅니다. 소학교 때 책상을 같이 했던 아이들의 이름과 패, 경, 옥, 이런 이국 소녀들의 이름과, 벌써 애기 어머니 된 계집애들의 이름과, 가난한 이웃 사람들의 이름과, 비둘기, 강아지, 토끼, 노새, 노루, 프랑시스 잠, 라이너 마리아 릴케 이런 시인의 이름을 불러 봅니다.

이네들은 너무나 멀리 있습니다.
별이 아스라이 멀듯이,

어머님,
그리고 당신은 멀리 북간도에 계십니다.

나는 무엇인지 그리워
이 많은 별빛이 내린 언덕 위에
내 이름자를 써 보고,
흙으로 덮어 버리었습니다.

딴은 밤을 새워 우는 벌레는
부끄러운 이름을 슬퍼하는 까닭입니다.

그러나 겨울이 지나고 나의 별에도 봄이 오면
무덤 위에 파란 잔디가 피어나듯이
내 이름자 묻힌 언덕 위에도
자랑처럼 풀이 무성할 게외다.

1941. 11. 5.

연희전문학교 재학 시절 쓴 시다. 일본은 조선 사람에게 창씨개명을 강요했다. 윤동주는 창씨개명을 혐오했으나 일본으로 유학을 떠나며 히라누마 도슈라는 이름으로 창씨개명을 하게 되어서 부끄러운 마음을 감출 수 없었다. 그래서 '내 이름자를 써 보고 흙으로 덮어 버리었습니다.'가 연상된다. 시의 말미를 보면, 다시 자랑스럽게 이름을 찾을 수 있는 봄을 그리워했음을 알 수 있다.

集會

◇……三년전 일본복강(福岡) 형무소에서 옥사한 윤봉주(尹奉柱) 군과 송몽규(宋夢奎) 군을 추도하고저 고인의 모교연전(延專) 문과 졸업생들은 오는 十六일 하오 一시시내 소공동(小公洞) 푸러워―그릴에서 추념회를 열기로되어 동창들의 참석을 바라고있다

동아일보 1947년 2월 15일 기사

집회

삼년 전 일본 복강 형무소에서 옥사한 윤동주 군과 송몽규 군을 추도하고자 고인의 모교 연희전문 문과 졸업생들은 오는 16일 오후 한 시 시내 소공동 플라워 그릴에서 추념회를 열기로 했다. 동창들의 참석을 바라고 있다.

2

흰 그림자

동주가 릿교대학에서 재학 중일 때 원고지에 쓴 시가 '흰 그림자', '흐르는 거리', '사랑스런 추억', '쉽게 씌여진 시', '봄' 5편 이었다. 이 작품들은 경성에 있는 친구 강처중에게 편지로 보냈다.

강처중은 광복이후까지 시들을 보관하다가 시집이 발간하는데 큰 공헌을 했다.

강처중은

1938년, 윤동주, 송몽규와 연희전문학교 입학 동기이며 기숙사 핀슨홀 3층 지붕 밑 같은 방 동기이기도 했다. 리더십이 뛰어났고 문예부장 송몽규와 잡지 문우를 발간했다.

학창 시절에도 영어를 잘 해서 동기들 중 1,2등을 다툴 정도였다. 영어도사라는 별명으로 불렸다.

강처중은 후에 경향신문 기자가 되고 윤동주 시집을 출판하는데 노력을 기울였다.

흰 그림자

황혼이 짙어지는 길모금에서
하루 종일 시든 귀를 가만히 기울이면
땅거미 옮겨지는 발자취 소리,

발자취 소리를 들을 수 있도록
나는 총명했던가요.

이제 어리석게도 모든 것을 깨달은 다음
오래 마음 깊은 곳에
괴로워하던 수많은 나를
하나, 둘 제 고장으로 돌려보내면
거리 모퉁이 어둠 속으로
소리 없이 사라지는 흰 그림자,

흰 그림자들
연연히 사랑하던 흰 그림자들,

내 모든 것을 돌려보낸 뒤
허전히 뒷골목을 돌아
황혼처럼 물드는 내 방으로 돌아오면

신념이 깊은 의젓한 양처럼
하루 종일 시름없이 풀포기나 뜯자.

                                    1942.4.14

 그리고 시 '사랑스런 추억'에서 도쿄 교외 어느 조용한 하숙방에서 기차가 지나간다는 내용이 있는데, 이 기차역은 현재 제이아르 다카다노바바 역이다.

사랑스런 추억

 봄이 오던 아침, 서울 어느 쪼그만 정차장에서 희망과 사랑처럼 기차를 기다려,

 나는 플랫폼에 간신한 그림자를 떨어뜨리고, 담배를 피웠다.

 내 그림자는 담배연기 그림자를 날리고,
 비둘기 한 떼가 부끄러울 것도 없이
 나래 속을 속 속 햇빛에 비춰 날았다.

 기차는 아무 새로운 소식도 없이
 나를 멀리 실어다 주어,

 봄은 다 가고 — 동경 교외 어느 조용한 하숙방에서, 옛 거리에 남은 나를 희망과 사랑처럼 그리워한다.

 오늘도 기차는 몇 번이나 무의미하게 지나가고,
 오늘도 나는 누구를 기다려 정차장 가차운 언덕에서 서성거릴 게다.

 —아아 젊음은 오래 거기 남아 있거라.

                              1942.5.13.

흐르는 거리

으스름히 안개가 흐른다. 거리가 흘러 간다. 저 전차, 자동차, 모든 바퀴가 어디로 흘러 가는 것일까? 정박할 아무 항구도 없이, 가련한 많은 사람들을 싣고서, 안개 속에 잠긴 거리는,

거리 모퉁이 붉은 포스트 상자를 붙잡고 섰을라면 모든 것이 흐르는 속에 어렴풋이 빛나는 가로등, 꺼지지 않는 것은 무슨 상징일까? 사랑하는 동무 박이여! 그리고 김이여! 자네들은 지금 어디 있는가? 끝없이 안개가 흐르는데,

"새로운 날 아침 우리 다시 정답게 손목을 잡아보세" 몇 자 적어 포스트 속에 떨어뜨리고, 밤을 새워 기다리면 금휘장에 금단추를 삐었고 거인처럼 찬란히 나타나는 배달부, 아침과 함께 즐거운 내임來臨, 이 밤을 하염없이 안개가 흐른다.

삐다 : 꾸미다
내임 : 왕림

1942.5.12.

쉽게 씌워진 시

창밖에 밤비가 속살거려
육첩방은 남의 나라

시인이란 슬픈 천명인 줄 알면서도
한 줄 시를 적어 볼까

땀내와 사랑내 포근히 품긴
보내 주신 학비 봉투를 받아

대학 노트를 끼고
늙은 교수의 강의 들으러 간다.

생각해보면 어릴 때 동무를
하나, 둘, 죄다 잃어버리고

나는 무얼 바라
나는 다만, 홀로 침전하는 것일까?

인생은 살기 어렵다는데
시가 이렇게 쉽게 써지는 것은
부끄러운 일이다.

육첩방은 남의 나라
창밖에 밤비가 속살거리는데

등불을 밝혀 어둠을 조금 내몰고
시대처럼 올 아침을 기다리는 최후의 나,

나는 나에게 작은 손을 내밀어
눈물과 위안으로 잡는 최초의 악수.

1942.6.3.

쉽게 씌워진 시를 읽으면, 시인이 릿교대학 교정을 거닐던 시절의 시를 느낄 수 있다. 육첩방은 남의 나라 라고 표현했는데 육첩방은 일본의 돗자리인 다다미를 여섯 장 깐 방을 말한다. 딱 그 정도의 방에서 살았다. 하숙집 위치는 도쿄 신주쿠구 다카다노바바 1초메에 있었다.

봄

봄이 혈관 속에 시내처럼 흘러
돌, 돌, 시내 가차운 언덕에
개나리, 진달래, 노오란 배추꽃,

삼동을 참어온 나는
풀포기처럼 피어난다.

즐거운 종달새야
어느 이랑에서 즐거웁게 솟쳐라.

푸르른 하늘은
아른아른 높기도 한데……

가차운 : 가까운
삼동 : 겨울 세 번

1942.

3

밤

1948년 2월 동생 윤일주와 절친한 후배 정병욱이 '하늘과 바람과 별과 시' 19편과 유작 12편을 묶었다. 2부는 일본 유학시절 동기 강처중에게 편지로 보낸 '흰 그림자', '흐르는 거리', '사랑스런 추억', '쉽게 씌여진 시', '봄' 5편이었고, 3부는 '밤', '유언', '아우의 인상화', '위로', '간', '산골 물', '참회록' 7편인데 윤동주 가족들이 보관해온 원고 중 시집에 실릴만 하다고 판단하여 추린 시이다.

1948년 2월 정음사에서 '하늘과 바람과 별과 시'가 정식 출간된다.

밤

오양간 당나귀
아-ㅇ 외 마디 울음울고,

당나귀 소리에
으-아 아 애기 소스라쳐 깨고,

등잔에 불을 다오.

아버지는 당나귀에게
짚을 한키 담아 주고,

어머니는 애기에게
젖을 한 모금 먹이고,

밤은 다시 고요히 잠드오.

오양간 : 외양간 방언

1937. 3

유언

후어-ㄴ한 방에
유언은 소리 없는 입놀림.

-바다에 진주 캐러 갔다는 아들
해녀와 사랑을 속삭인다는 맏아들
이밤에사 돌아오나 내다봐라-

평생 외롭든 아버지의 운명
감기우는 눈에 슬픔이 어린다.

외딴집에 개가 짖고
휘양찬 달이 문살에 흐르는 밤.

1937.10.24.

아우의 인상화

붉은 이마에 싸늘한 달이 서리어
아우의 얼굴은 슬픈 그림이다.

발걸음을 멈추어
살그머니 앳된 손을 잡으며

"너는 자라 무엇이 되려니"
"사람이 되지"
아우의 설흔, 진정코 설흔 대답이다.

슬며-시 잡았든 손을 놓고
아우의 얼굴을 다시 들여다 본다.

싸늘한 달이 붉은 이마에 젖어
아우의 얼굴은 슬픈 그림이다.

설흔 : 서러운
잡았든 : 잡았던

1938.9.15

위로

거미란 놈이 흉한 심보로 병원 뒤뜰 난간과 꽃밭 사이 사람 발이 잘 닿지 않는 곳에 그물을 쳐 놓았다. 옥외 요양을 받는 젊은 사나이가 누워서 치어다보기 바르게—

나비가 한 마리 꽃밭에 날아들다 그물에 걸리었다. 노—란 날개를 파득거려도 파득거려도 나비는 자꼬 감기우기만 한다. 거미가 쏜살같이 가더니 끝없는 끝없는 실을 뽑아 나비의 온몸을 감아 버린다. 사나이는 긴 한숨을 쉬었다.

나이보담 무수한 고생 끝에 때를 잃고 병을 얻은 이 사나이를 위로할 말이—거미줄을 헝클어 버리는 것밖에 위로의 말이 없었다.

치어다보기 : 쳐다보기
자꼬 : 자꾸

1940.12.3.

간

바닷가 햇빛 바른 바위 우에
습한 간을 펴서 말리우자.
코카사쓰 산 중에서 도망해 온 토끼처럼
둘러리를 빙빙 돌며 간을 지키자.

내가 오래 기르든 여윈 독수리야!
와서 뜯어 먹어라 시름없이

너는 살지고
나는 여위어야지, 그러나,

거북이야!
다시는 용궁의 유혹에 안 떨어진다.

프로메테우스, 불상한 프로메테우스
불 도적한 죄로 목에 맷돌을 달고
끝없이 침전하는 프로메테우스.

1941.11.29.

출판의 자유를 빼앗긴 심정이 담겨 있다. 시로서 달래지 않을 수 없었다.

산골 물

괴로운 사람아 괴로운 사람아
옷자락 물결 속에서도
가슴속 깊이 돌돌 샘물이 흘러
이 밤을 더부러 말할이 없도다.
거리의 소음과 노래 부를수 없도다.
그신듯이 냇가에 앉었으니
사랑과 일을 거리에 맥기고
가마니 가마니
바다로 가자,
바다로 가자.

> 더부러 : 더불어
> 그신듯이 : 끌리듯이
> 맥기고 : 맡기고

1939.

그리고 1942년 참회록을 쓴다. 고국에서의 마지막 작품이다. 부끄러운 고백은 누구에게 어떤 이유로 했을까. 손을 뻗어도 잡히지 않는다. 멀어서 아득한 고백이다.

참회록

파란 녹이 낀 구리 거울 속에
내 얼굴이 남아 있는 것은
어느 왕조의 유물이기에
이다지도 욕될까

나는 나의 참회의 글을 한 줄에 줄이자.
— 만 이십사 년 일 개월을
무슨 기쁨을 바라 살아 왔든가

내일이나 모레나 그 어느 즐거운 날에
나는 또 한줄의 참회록을 써야 한다.
— 그 때 그 젊은 나이에
왜 그런 부끄러운 고백을 했든가

밤이면 밤마다 나의 거울을
손바닥으로 발바닥으로 닦아보자.

그러면 어느 운석 밑으로 홀로 걸어가는
슬픈 사람의 뒷모양이
거울 속에 나타나온다.

1942. 1. 24.

29세 윤동주

1944년 2월 16일, 후쿠오카 형무소에서 옥사했다. 정확한 문건은 없지만, 생체실험 대상이 되었다는 설이 제기되었다. 실제 이상한 주사를 맞았다. 이어 송몽규도 이름 모를 주사를 자주 맞았으며 3월 10일에 옥사했다.

윤동주는 큰 소리를 외치며 운명했고 송몽규는 마지막 순간 눈을 감지 못했다.

3월 초, 간도 영정에 유해가 묻혔다. 단오절 무렵에 시인 윤동주 비석을 세웠다.

93

4

이런 날

1955년에 초판본에 이어 유작 62편을 추가하여 두 번째 판본이 제작된다.

그리고 1976년에는 유작 유작 23편을 추가해 세 번째 판본이 출간된다. 초판본에 습작기 시, 동시 등을 포함한 총 85편의 작품이 발표되는데 이 시들은 모두 1948년 12월에 여동생 윤혜원이 간도에서 가지고 온 작품을 추려낸 것이었다.

수집가 사이에선 초판본을 특히 중요시 했다. 윤동주가 직접 발표하려했던 19편의 시 '하늘과 바람과 별과 시'는 시인이 출판 의지가 있었고, 일본에서 동기 강처중에게 우편으로 보낸 시 5편도 죽음 직전에 남긴 시로 의미를 품고 있었다.

이번 편에는 윤동주 유족들이 보관했던 작품들을 모았다. 윤동주가 손수 원고에 적었던 시였다. 이준익 감독(영화 동주 감독)이 좋아하는 시이자, 영화 동주에서 고종사촌 형 송몽규와 함께 부각되었던 '이런 날'을 포함한, 분위기 있는 시들을 취사 선택했다.

20세의 송몽규는

1917년 9월 28일 윤동주 보다 삼개월 이르게 고종사촌 송몽규가 출생했다. 이후 송몽규는 윤동주와 죽마고우처럼 자랐고 학교도 같이 다녔다. 윤동주는 조용한 성격이었는데 반해 송몽규는 적극적이며 연극 연출을 하는 등 활동적 기질을 지니고 있었다.

1935년 4월 송몽규는 가출한다.

남경에 있는 중앙군관학교 낙양분교 한인반에 입학하였는데, 한인 반은 한국임시정부 요인으로 활약하던 김구 선생이 독립운동에 가담할 군사 간부를 양성하고자 설립하였다. 송몽규는 군사로서 신체를 연마하는 한편 한인 반 잡지를 만들었다. 잡지 명은 신민이었는데 김구 선생이 직접 지은 이름이었다. 1년 간 교육을 받았다.

중앙군관학교 낙양분교 재정지원 중단으로 한인반이 해체되자 중국으로 간다. 독립운동가 이웅 일파로 들어가 활동한다. 1936년 4월 산동성 성도인 제남에서 제남 주재 일본 영사관 경찰부에 체포된다.

갖은 고문에 시달려 겨우 석방되어 나왔지만 요시찰인물이 되어 감시 속에 살았다. 요시찰인이 되면 일본 고등계 형사들의 밀착 감시 대상이 된다. 이 점이 일본 유학한 윤동주와 함께 체포된 원인이 되기도 했다.

20세의 윤동주는

1936년 신사참배 문제로 숭실중학교가 폐쇄된다. 총독부 당국이 윤산온 선교사(본명 죠지 맥퀸)를 교장직에서 파면한 것이다.

윤동주는 연길 용정으로 돌아와 광명학원의 중학부로 편입한다. 광명학원 중학부는 만주국 깃발과 일장기 깃발이 펄럭이는 친일 계 학교였다. 원래 용정에 있는 광명학교는 흉년의 여파로 경영난에 허덕였고 일본인에게 팔렸다. 그 후 친일 계 학교가 되었는데, 윤동주와 절친한 친구 문익환은 신사참배를 거부하고 자퇴한다.

윤동주는 간도지방 연길에서 발행하던 카톨릭 소년지에 동시를 발표했다. 병아리, 빗자루 등의 시였다.

그 외에 오줌싸개 지도, 기왓장 내외, 햇비, 9월 9일, 비행기, 봄, 참새, 버선본과 이별, 식권, 비둘기, 모란봉에서, 황혼, 가슴1, 종달새, 산상, 오후의 구장, 이런 날, 산림, 닭, 가슴2, 꿈은 깨어지고, 가을밤, 무얼 먹구 사나 등의 시 작품을 썼다.

학교는 사라지고 친구는 신사참배를 거부하며 자퇴하자 복잡한 심정을 시로 남겼다. 1936년 6월 10일에 쓴 '이런 날'이라는 제목의 시이다. 최근 개봉한 영화 '동주'에선 시 속에서 부르고 싶던 형은 송몽규로 해석되고 있다.

이런 날

사이좋은 정문의 두 돌기둥 끝에서
오색기와 태양기가 춤을 추는 날
금을 그은 지역의 아이들이 즐거워하다.

아이들에게 하로의 건조한 학과學課로
해말간 권태가 깃들고
모순矛盾 두 자를 이해치 못하도록
머리가 단순하였구나.

이런 날에는
잃어버린 완고하던 형을
부르고 싶다.

1936.6.10.

남쪽 하늘

제비는 두 나래를 가지었다.
시산한 가을날-

어머니의 젖가슴이 그리운
서리 나리는 저녁-

어린 영은 쪽나래의 향수를 타고
남쪽 하늘에 떠돌 뿐-

                              1935.10.

창공

그 여름날
열정의 포푸라는
오려는 창공의 푸른 젖가슴을
어루만지려
팔을 펼쳐 흔들거렸다.
끓는 태양 그늘 좁다란 지점에서

천막같은 하늘 밑에서
떠들던 소나기
그리고 번개를
춤추던 구름은 이끌고
남방으로 도망하고
높다랗게 창공은 한폭으로
가지 우에 퍼지고
둥근 달과 기러기를 불러 왔다.

푸르른 어린 마음이 이상에 타고
그의 동경의 날 가을에
조락凋落의 눈물을 비웃다.

우에 : 위에
1935.10.20.

거리에서

달밤의 거리
광풍이 휘날리는
북국의 거리
도시의 진주

전등 밑을 헤엄치는
조그만 인어, 나
달과 전등에 비쳐
한몸에 두셋의 그림자
커졌다 작아졌다.

괴롬의 거리
재색빛 밤거리를
걷고 있는 이 마음
선풍이 일고 있네

외로우면서도
한 갈피 두 갈피
피어나는 마음의 그림자
푸른 공상이
높아졌다 낮아졌다.

1935.11.18.

창

쉬는 시간마다
나는 창녘으로 갑니다.

―창은 산 가르침.

이글이글 불을 피워 주오
이 방에 찬 것이 서립니다.

단풍잎 하나
맴도나 보니
아마도 자그마한 선풍旋風이 인 게외다.

그래도 싸느란 유리창에
햇살이 쨍쨍한 무렵
상학종上學鐘이 울어만 싶습니다.

                    1937. 10.

가슴 2

불 꺼진 화덕을
안고 도는 겨울밤은 깊었다.

재만 남은 가슴이
문풍지 소리에 떤다.

                        1936.7.24.

오후의 구장

늦은 봄 기다리던 토요일날
오후 세시 반의 경성행 열차는
석탄 연기를 자욱이 품기고
한몸을 끄을기에 강하던
공이 자력을 잃고
한모금의 물이
불붙는 목을 축이기에
넉넉하다.

젊은 가슴의 피 순환이 잦고
두 철각이 늘어진다.

검은 기차 연기와 함께
푸른 산이
아지랭이 저쪽으로
가라앉는다.

                            1936.5.

사랑의 전당

순아 너는 내 전殿에 언제 들어왔든 것이냐?
내사 언제 네 전에 들어갔든 것이냐?

우리들의 전당은
고풍한 풍습이 어린 사랑의 전당

순아 암사슴처럼 수정눈을 나려감어라.
난 사자처럼 엉크린 머리를 고루련다.
우리들의 사랑은 한낱 벙어리였다.

성스런 촛대에 열熱한 불이 꺼지기 전
순아 너는 앞문으로 내달려라.

어둠과 바람이 우리 창에 부닥치기 전
나는 영원한 사랑을 안은 채
뒷문으로 멀리 사라지련다.

이제 네게는 삼림 속의 아늑한 호수가 있고
내게는 험준한 산맥이 있다.

1938.

장

이른 아침 아낙네들은 시들은 생활을
바구니 하나 가득 담아 이고……
업고 지고……안고 들고……
모여드오, 자꾸 장에 모여드오.
가난한 생활을 골골이 벌여놓고
밀려 가고 밀려 오고……
저마다 생활을 외치오…… 싸우오.
왼하로 올망졸망한 생활을
되질하고 저울질하고 자질하다가
날이 저물어 아낙네들이
쓴 생활과 바꾸어 또 이고 돌아가오.

왼하로 : 종일
되질 : 됫박으로 분량 헤아림
자질 : 자로 물건은 잼

모란봉에서

앙당한 소나무 가지에
훈훈한 바람의 날개가 스치고
얼음 섞인 대동강물에
한나절 햇발이 미끌어지다.

허물어진 성터에서
철모르는 여아들이
저도 모를 이국말로
재잘대며 뜀을 뛰고
난데없는 자동차가 밉다.

1936.3.24.

5

송몽규 시 필사하기

22세 송몽규는

1938년 초 봄, 윤동주와 함께 연희전문 문과에 합격한다.

문과학생회는 문과 동인지 문우를 냈는데 송몽규는 꿈별이라는 필명으로 시 '하늘과 더불어'를 발표한다.

후에 연구자들에 의해 송몽규의 시 한편이 발견되었다. 제목은 '밤'이었다. 조선일보 1938년 9월 20일 자에 실린 작품으로 연희전문학교 1학년 시절에 쓴 시였다. 그가 남긴 작품은 동아일보 공모에 입선한 콩트 '숟가락'과 연희전문학교 시절에 문우에 발표한 시 '하늘과 더불어', 단 두 편이었기에 새로 발굴된 작품에 의의가 있었다.

하늘과 더불어

송몽규

하늘—
얽히여 나와 함께 슬픈 조각하늘

그래도 네게서 온 하늘을
알 수 있어 알 수 있어…

푸름이 깃들고
태양이 지나고
구름이 흐르고
달이 엿보고
너하고만은 너하고만은
아득히 사라진 얘기를 되풀고싶다

오오— 하늘아—
모—든것이
흘러 흘러 갔단다.
꿈보다도 허전히 흘러갔단다.
괴로운 사념들만 뿌려 주고
미련도 없이 고요히 고요히…

이 가슴엔 의욕의 잔재만
쓰디쓴 추억의 반추만 남아

그 언덕을
나는 되씹으며 운단다.

그러나
연인이 없어 고독스럽지 않아도
고향을 잃어 향수스럽지 않아도

인제는 오직—
하늘 속의 내 맘을 잠그고 싶고
내 맘 속의 하늘을 간직하고 싶어

미풍이 웃는 아침을 기원하련다.

그 아침에
너와 더불어 노래 부르기를
가만히 기원하련다.

밤

송몽규

고요히 침전된 어둠
만지울듯 무거웁고
밤은 바다보다 깊구나
홀로 헤아리는 이 맘은
험한 산길을 걷고
나의 꿈은 밤보다 깊어
호수군한 물소리를 뒤로
멀-리 별을 쳐다 쉬파람 분다

1938.9.20.

발문

강 처 중 (연희 전문 동기)

동주는 별로 말주변도 사귐성도 없었건만 그의 방에는 언제나 친구들이 가득 차 있었다. 아모리 바쁜 일이 있더라도 "동주 있나" 하고 찾으면 하던 일을 모두 내던지고 빙그레 웃으며 반가히 마조 앉아주는 것이었다.

"동주 좀 걸어보자구" 이렇게 산책을 청하면 싫다는 적이 없었다. 겨울이든 여름이든 밤이든 새벽이든 산이든 들이든 강까이든 아모런 때 아모데를 끌어도 선듯 따라 나서는 것이었다. 그는 말이 없이 묵묵히 걸었고 항상 그의 얼골은 침울하였다. 가끔 그러다가 외마디 비통한 고함을 잘 질렀다. "아-" 하고 나오는 외마디 소리! 그것은 언제나 친구들의 마음에 알지 못할 울분을 주었다.

"동주 돈 좀 있나" 옹색한 친구들은 곳잘 그의 넉넉지 못한 주머니를 노리었다. 그는 있고서 안 주는 법이 없었고 없으면 대신 외투든 시계든 내 주고야 마음을 놓았다. 그래서 그의 외투나 시계는 친구들의 손을 거처 전당포 나드리를 부즈런히 하였다.

이린 동주도 친구들에게 굳이 거부하는 일이 두가지 있었다. 하나는 "동주 자네 시 여기를 좀 고치면 어떤가" 하는데 대하여 그는 응하여 주는 때가 없었다. 조용히 열흘이고 한달이고 두달이고 곰곰이 생각하여서 한 편 시를 탄생시킨다. 그때 까지는 누구에게도 그 시를 보이지를 않는다. 이미 보여주는 때는 흠이 없는 하나의 옥이다. 지나치게 그는 겸허온순하였건만, 자기의 시만은 양보하지를 안했다.

또 하나 그는 한 여성을 사랑하였다. 그러나 이 사랑을 그 여성에게도 친구들에게도 끝내 고백하지 안했다. 그 여성도 모르고 친구들도 모르는 사랑을 회답도 없고 돌아오지도 않는 사랑을 제 홀로 간직한 채 고민도 하면서 희망도 하면서…… 쑥스럽다 할까 어리석다 할까? 그러나 이제 와 고쳐 생각하니 이것은 하나의 여성에 대한 사랑이 아니라 이루어지지 않을 '또 다른 고향'에 대한 꿈이 아니었던가. 어쨋던 친구들에게 이것만은 힘써 감추었다.

그는 간도에서 나고 일본 복강(후꾸오까)에서 죽었다. 이역에서 나고 갔건만 무던이 조국을 사랑하고 우리말을 좋아 하더니- 그는 나의 친구기도 하려니와 그의 아잇적동무 송몽규와 함께 '독립운동'의 죄명으로 이년형을 받아 감옥에 들어 간 채 마침내 모진 악형에 쓰러지고 말았다. 그것은 몽규와 동주가 연전을 마치고 경도에 가서 대학생 노릇하던 중도의 일이었다.

"무슨 뜻인지 모르나 마지막 외마디 소리를 지르고 운명했지요. 짐작컨대 그 소리가 마치 조선독립만세를 부르는듯 느껴지더

군요."

  이 말은 동주의 최후를 감시하던 일본인 간수가 그의 시체를 찾으러 복강 갔던 그 유족에게 전하여준 말이다. 그 비통한 외마디 소리! 일본 간수야 그 뜻을 알리만두 저도 그 소리에 느낀 바 있었나 보다. 동주 감옥에서 외마디소리로서 아조 가버리니 그 나이 스물 아홉, 바로 해방되던 해다. 몽규도 그 며칠 뒤 따라 옥사하니 그도 재사였느니라. 그들의 유골은 지금 간도에서 길이 잠들었고 이제 그 친구들의 손을 빌어 동주의 시는 한 책이 되어 길이 세상에 전하여 지려한다.

  불러도 대답 없을 동주 몽규었만 헛되나마 다시 부르고 싶은 동주! 몽규!